Pequeñas Estrellas

# El béisbol de las pequeñas estrellas

Un libro de El Semillero de Crabtree

Taylor Farley
y Pablo de la Vega

Crabtree Publishing
crabtreebooks.com

# ¡Juguemos béisbol!

CONRAD #23
ZZ #10
LEE #12

Necesitamos dos **equipos**.

Es tu turno al bate.

El receptor está preparado con un **guante** y un casco.

El lanzador arroja la bola.

¡Ten cuidado!
¡Si haces tres ***strikes***
estás fuera!

Le pegas fuerte a la bola.

Un jugador en el **jardín** intenta atraparla.

jardín
segunda base
tercera base
montículo de lanzamiento
primera base
base del bateador

¡Rápido! Corre a cada **base** hasta llegar a la del bateador.

¡Anotaste un **jonrón**!

# Glosario

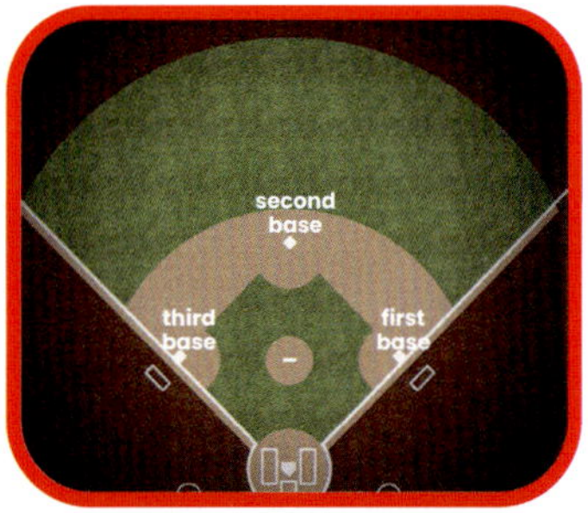


**base**: Hay cuatro bases en un campo de béisbol. Primera base, segunda base, tercera base y la del bateador.

**equipos**: Los equipos son grupos de personas que juegan un mismo deporte juntas contra un rival.

**guante**: Un guante es un tipo especial de protección para las manos. Un guante de béisbol está hecho de piel acolchada.

**jardín**: En el béisbol, el jardín es un área fuera del diamante, pero dentro de las líneas de *foul*.

**jonrón**: Un bateador anota un jonrón si logra pasar por las tres primeras bases hasta la del bateador en un solo golpe.

***strikes***: Los *strikes* son lanzamientos que el bateador no logra golpear.

# Índice analítico

base: 19
base del bateador: 19
bate: 7
casco: 8
equipos: 5
guante: 8
lanzador: 11
receptor: 8
*strikes*: 12

# Apoyos de la escuela a los hogares para cuidadores y maestros

Los libros de El Semillero de Crabtree ayudan a los niños a crecer al permitirles practicar la lectura. Las siguientes son algunas preguntas de guía que ayudan a los lectores a construir sus habilidades de comprensión. Algunas posibles respuestas están incluidas.

## Antes de leer:

- **¿De qué piensas que tratará este libro?** Pienso que el libro tratará sobre béisbol. Quizá nos enseñará las reglas del béisbol.
- **¿Qué quiero aprender sobre este tema?** Quiero aprender sobre las diferentes posiciones en el béisbol.

## Durante la lectura:

- **Me pregunto por qué...** Me pregunto por qué el bateador usa un casco.
- **¿Qué he aprendido hasta ahora?** Aprendí que hay bateadores, receptores y jugadores en el jardín.

## Después de leer:

- **¿Qué detalles aprendí de este tema?** Aprendí las partes del campo de béisbol. Hay una base del bateador, una primera base, una s egunda base, una tercera base, un montículo de lanzamiento y el jardín. Las bases tienen la forma de un diamante.
- **Lee el libro de nuevo y busca las palabras del vocabulario.** Veo la palabra *equipos* en la página 5 y la palabra *strikes* en la página 12. Las otras palabras del vocabulario están en las páginas 22 y 23.

---


# Crabtree Publishing

crabtreebooks.com 800-387-7650

Print book version produced jointly with Blue Door Education in 2021

**Written by:** Taylor Farley
**Translation to Spanish:** Pablo de la Vega
**Edition in Spanish:** Base Tres





Hardcover 978-1-4271-3157-7
Paperback 978-1-4271-3175-1
Ebook (pdf) 978-1-4271-3192-8
Epub 978-1-4271-4820-9
Read-along 978-1-4271-3600-8
Audio book 978-1-4271-4819-3

**Library and Archives Canada Cataloguing in Publication**

Title: El béisbol de las pequeñas estrellas / Taylor Farley y Pablo de la Vega.
Other titles: Little stars baseball. Spanish
Names: Farley, Taylor, author. | Vega, Pablo de la, translator.
Description: Series statement: Pequeñas estrellas | Translation of: Little stars baseball. | Translated by Pablo de la Vega. | “Un libro de el semillero de Crabtree”. | Includes index. | Text in Spanish.
Identifiers: Canadiana (print) 20210096209 | Canadiana (ebook) 20210096217 | ISBN 9781427131577 (hardcover) | ISBN 9781427131751 (softcover) | ISBN 9781427131928 (HTML) | ISBN 9781427136008 (read-along ebook)
Subjects: LCSH: Baseball—Juvenile literature.
Classification: LCC GV867.5 .F3718 2021 | DDC j796.357—dc23

**Published in Canada**
**Crabtree Publishing**
616 Welland Avenue
St. Catharines, Ontario
L2M 5V6

**Published in the United States**
**Crabtree Publishing**
347 Fifth Avenue
Suite 1402-145
New York, NY 10016

**PHOTO CREDITS:**
Cover and page 14 © rmanera - istockphoto; pages 2-3, 4-5 © Joseph Sohm - shutterstock; pages 6-7 © Andrew Rich - istockphoto; pages 8-9 © Rob Friedman - istockphoto; pages10 and 16-17 © tammykayphoto - shutterstock; page 13 © Skip ODonnell - istockphoto; page 18 © Antony McAulay - shutterstock; page 21 © Ben Conlan - istockphoto

Printed in Canada/122023/CP20231123

**Library of Congress Cataloging-in-Publication Data**

Names: Farley, Taylor, author.
Title: El béisbol de las pequeñas estrellas / Taylor Farley y Pablo de la Vega.
Other titles: Little stars baseball. Spanish
Description: New York, NY : Crabtree Publishing Company, 2021. | Series: Pequeñas estrellas : un libro de el semillero de Crabtree | Includes index. |
Identifiers: LCCN 2020056741 (print) | LCCN 2020056742 (ebook) | ISBN 9781427131577 (hardcover) | ISBN 9781427131751 (paperback) | ISBN 9781427131928 (ebook) | ISBN 9781427136008 (epub)
Subjects: LCSH: Baseball--Juvenile literature.
Classification: LCC GV867.5 .F3518 2021 (print) | LCC GV867.5 (ebook) | DDC 796.357--dc23
LC record available at https://lccn.loc.gov/2020056741
LC ebook record available at https://lccn.loc.gov/2020056742